团 体 标 准

公路照明直流供电系统设计指南

Guidelines for Design of DC Power Supply System for Road Lighting

T/CHTS 10011—2019

主编单位：中交第二公路勘察设计研究院有限公司
发布单位：中国公路学会
实施日期：2019 年 06 月 10 日

人民交通出版社股份有限公司
China Communications Press Co.,Ltd.

图书在版编目(CIP)数据

公路照明直流供电系统设计指南：T/CHTS 10011—2019 / 中交第二公路勘察设计研究院有限公司主编. —北京：人民交通出版社股份有限公司，2019.6
ISBN 978-7-114-15632-8

Ⅰ.①公… Ⅱ.①中… Ⅲ.①公路照明—直流—供电系统—系统设计—设计规范—中国 Ⅳ.①U491.5-65

中国版本图书馆 CIP 数据核字(2019)第 109810 号

标准类型：	团体标准
标准名称：	公路照明直流供电系统设计指南
标准编号：	T/CHTS 10011—2019
主编单位：	中交第二公路勘察设计研究院有限公司
责任编辑：	郭红蕊　韩亚楠
责任校对：	尹　静
责任印制：	张　凯
出版发行：	人民交通出版社股份有限公司
地　　址：	(100011)北京市朝阳区安定门外外馆斜街 3 号
网　　址：	http://www.ccpress.com.cn
销售电话：	(010)59757973
总 经 销：	人民交通出版社股份有限公司发行部
经　　销：	各地新华书店
印　　刷：	北京市密东印刷有限公司
开　　本：	880×1230　1/16
印　　张：	1.25
字　　数：	26 千
版　　次：	2019 年 6 月　第 1 版
印　　次：	2019 年 6 月　第 1 次印刷
书　　号：	ISBN 978-7-114-15632-8
定　　价：	200.00 元

(有印刷、装订质量问题的图书由本公司负责调换)

中国公路学会文件

公学字〔2019〕61号

中国公路学会关于发布《公路照明直流供电系统设计指南》的公告

现发布中国公路学会标准《公路照明直流供电系统设计指南》(T/CHTS 10011—2019),自2019年6月10日起实施。

《公路照明直流供电系统设计指南》(T/CHTS 10011—2019)的版权和解释权归中国公路学会所有,并委托主编单位中交第二公路勘察设计研究院有限公司负责日常解释和管理工作。

中国公路学会
2019年6月4日

前　言

本指南通过调研直流供电系统在公路照明中的应用,结合直流供电技术的发展,总结公路照明直流供电的经验而编制。

本指南遵循"统筹兼顾,节约资源,安全实施"的原则,对公路照明直流供电的架构、整流装置、直流电压等作了统一的规定。

指南实施过程中,请将发现的问题和对指南的意见、建议反馈至中交第二公路勘察设计研究院有限公司(地址:武汉市汉阳区鹦鹉大道498号;联系电话:027-84533301;电子邮箱:ccshijtgc@126.com),供修订时参考。

本指南由中交第二公路勘察设计研究院有限公司提出,受中国公路学会委托,由中交第二公路勘察设计研究院有限公司负责具体解释工作。

主编单位：中交第二公路勘察设计研究院有限公司

参编单位：招商局重庆交通科研设计院有限公司、中交第一航务工程局有限公司、甘肃省交通规划勘察设计院股份有限公司、潍坊市市政工程设计研究院有限公司、山东中大电源科技有限公司、山东三晶照明科技有限公司

主要起草人：胡彦杰、王恩师、尹海明、李福忠、涂耘、商建康、韦卫、闵泉、晏丽霞、郭志杰、徐肃、易默成、叶阳、冯雪峰、杨军、陈亚振、黄必辉、邓敏、杨涛、李正军、余志华、马俊

主要审查人：王晓曼、何勇、徐超忠、颜静仪、周海涛、李广平、谢军、靖勃、盛刚、刘相华

T/CHTS 10011—2019

目　次

1 总则 ………………………………………………………………………………………………… 1
2 术语 ………………………………………………………………………………………………… 2
3 基本要求 …………………………………………………………………………………………… 3
4 系统组成 …………………………………………………………………………………………… 4
5 整流装置 …………………………………………………………………………………………… 6
6 交流输入及直流配电 ……………………………………………………………………………… 8
　　6.1　交流输入 …………………………………………………………………………………… 8
　　6.2　直流配电 …………………………………………………………………………………… 8
7 监控单元 …………………………………………………………………………………………… 9
8 设备布设及配套设施 ……………………………………………………………………………… 10
9 电缆与导线 ………………………………………………………………………………………… 11
用词说明 ……………………………………………………………………………………………… 12

目次

公路照明直流供电系统设计指南

1 总则

1.0.1 为规范公路照明直流供电系统设计，确保供电系统运行安全可靠、节约能源，提高经济和社会效益，制定本指南。

1.0.2 本指南适用于直流隔离系统的公路照明。城市道路照明、景观照明等可参照使用。

1.0.3 公路照明直流供电系统设计应考虑近远期需求，应采用符合国家现行有关标准的安全、节能、环保的电气产品。

1.0.4 公路照明直流供电系统除应符合本指南外，尚应符合国家及行业现行有关标准、规范及规程的规定。

2 术语

2.0.1 直流标称电压　DC nominal voltage

直流供电系统中直流供电设备的额定输出电压。

2.0.2 多脉冲整流　multi-pulse rectification

采用移相变压器和多个三相整流桥构成的整流方式。

2.0.3 多重温度保护　multi-temperature protection

通过过温降额、过温停机、重启等机制实现供电系统的智能可靠运行的运作模式。

2.0.4 监控单元　monitoring unit

对系统进行实时监测、控制和记录的模块。

2.0.5 隔离系统　isolation system

输出与大地、输出与输入之间不构成电流回路的系统。

2.0.6 载流量　carrying capacity

在规定条件下导体能够连续承载而不致使其稳定温度超过规定值的最大电流。

3 基本要求

3.0.1 公路照明的供配电系统方案设计，宜结合项目的具体情况进行交流、直流方案比选。

条文说明：

公路照明采用交流和直流供电，各自有其适用场合和条件，根据项目的具体情况，应做交流与直流供电方案比选。比选须从安全、经济、可靠等几个方面进行对比，择优推荐。

3.0.2 公路照明采用LED灯具时，在保证供电安全、可靠、经济的前提下，宜采用直流供电方案。

条文说明：

一般情况下，由于LED灯具为直流电源设备，在供电方案安全、可靠、经济的前提下，采用直流供电方案优势更大。

3.0.3 在海拔超过2000m的地区，配电装置的电器和绝缘产品应符合现行国家标准《特殊环境条件 高原用低压电器技术要求》(GB/T 20645)的有关规定。

4 系统组成

4.0.1 公路照明直流供电系统应包含交流输入、整流装置、直流配电、监控单元、导线及配套设施等。配套设施主要由防雷模块及保护装置组成。

条文说明：

本条文从交流输入至直流输出的方向，规定公路直流供电系统的组成。

4.0.2 公路照明直流供电的标称电压宜采用400V。

条文说明：

公路照明直流供电的标称电压选择DC 400V等级，主要依据是在不增加线路损耗的前提下，不增加灯具成本，使系统的价值工程最大，具体分析如下：

如果仅追求降低线路损耗，将会得出电压等级越高越好的结论。实际上，如果电压等级过高，则灯具成本会大幅度上升，从而得不偿失。灯具成本的上升主要源于灯具侧的DC/DC驱动电源，该电源的器件成本随电压上升会大幅上升，具体表现为：电压超过450V时，内部半导体器件将采用800V等级，成本将大幅上升。电压在直流300V～450V之间时，或交流220V时，内部半导体都采用600V等级。为了避免采用800V等级的半导体器件，需要把电压限制在450V之内，即电压的高限不得超过450V。

电压的低限应根据线路压降的计算确定。需要在同等条件下比较交流系统的压降和直流系统的压降。由于二者电压不同，单纯的压降绝对值比较没有意义，需要对比的是线路压降跟额定电压的比值。随着直流电压取值从小到大的变化，直流系统中的压降比例将逐步降低，到达某个临界值时，该压降比例会与交流系统中的压降比例一致，这就是根据线路压降找到的直流标称电压低限。

交直流对比的条件包括：

1）同样的LED负载。

2）负载处于线路的同样位置。

3）同样的电缆材料。

4）同样的电缆用量：交流系统采用三相四线，直流系统采用两线，这意味着直流系统中电缆截面积是交流系统的2倍。

5）同样的运行温度。

6）交流系统额定电压为相电压220V（即线电压380V）。

7）交流系统中驱动电源的效率为Eff_{ac}，功率因数为PF。

8）直流系统中驱动电源的效率为Eff_{dc}，功率因数为1。

交流系统准确的压降比例公式经推导为式（4.0.2-1）：

$$\frac{V_{ac,drop}}{V_{ac}} = \frac{\rho L P}{6 A_{ac} V_{ac}^2 Eff_{ac} PF} \tag{4.0.2-1}$$

式中：$V_{ac,drop}$——交流系统中的电缆压降(V)；

V_{ac}——交流系统相电压有效值(V)；

ρ——电缆导体部分的电阻率(Ω·m)；

L——电缆长度(m)；

P——用电负载总输出功率(W);

A_{ac}——交流系统中电缆导体部分的横截面积(m^2);

PF——交流侧输入功率因数;

Eff_{ac}——交流负载用电效率(%)。

直流系统的准确压降比例公式经推导为式(4.0.2-2):

$$\frac{V_{dc,drop}}{V_{dc}} = \frac{\rho L P}{A_{dc} V_{ac}^2 \, Eff_{dc}} \tag{4.0.2-2}$$

式中:$V_{dc,drop}$——直流系统中的电缆压降(V);

V_{dc}——直流输入电压平均值(V);

ρ——电缆导体部分的电阻率(Ω·m);

L——电缆长度(m);

P——用电负载总输出功率(W);

A_{dc}——直流系统中电缆导体部分的横截面积(m^2);

Eff_{dc}——直流负载用电效率(%)。

当要求式(4.0.2-1)和式(4.0.2-2)相等时,带入前面所述的多个条件,并忽略交直流系统中功率因数和效率的差异,可以推导出:

$$V_{dc} = \sqrt{3} V_{ac}$$

即 $V_{dc} = 380V$

即为保持相同的压降比例,只有当直流系统电压大于380V时,直流系统中的电缆用量方可不大于交流系统用量。因此,直流系统电压的低限为380V。直流标称电压的合理取值范围是380V~450V,故本指南采用400V作为直流标称电压。

5 整流装置

5.0.1 公路照明直流供电系统应采用集中整流供电模式。

5.0.2 系统整流方式宜采用多脉冲整流。

条文说明：

直流供电的直流电压产生方式主要包括两种：一种是多脉冲整流；另一种是基于PWM（Pulse Width Modulation，脉冲宽度调制）的AC/DC变换。

1 多脉冲整流的方案，在航空、舰船、地铁和电解电镀等工业大功率整流领域应用非常成熟，是一种稳定、可靠、高效的整流方式，其技术方案的核心是一个绕组经过特殊设计的变压器，通过变压器移相得到多组三相电，分别整流叠加滤波得到直流，其移相的目的是为了抵消交流侧低次谐波电流和直流侧纹波电压，并提高交流输入功率因数。

1) 多脉冲整流方式的优点：

(1) 可靠性高：核心是变压器无可控器件，结构简单，属于无源整流。

(2) 效率高：效率可达96%以上。

(3) 过载能力强：可短时间过载150%。

(4) 环境适应性强。

2) 多脉冲整流方式的缺点：

(1) 功率密度相对较小。

(2) 输出电压并非恒压输出。

2 基于PWM的AC/DC变换方案在通信领域应用较多，主要是机房、数据中心等地方的直流集中供电。脉宽调制整流其内部具有复杂的电子电路，例如交直流转换、PFC电路、PWM控制等环节，可以输出稳定的直流。

1) 脉宽调制整流的优点：

(1) 功率密度大。

(2) 恒定电压输出。

(3) 模块化，方便容量扩充。

2) 脉宽调制整流的缺点：

(1) 结构复杂，可靠性差，需要做冗余备份。

(2) 对环境要求较高。

根据公路照明的行业特点，对供电的可靠性要求较高，而对功率密度和恒压输出的要求并不特别严格。因此，本指南推荐采用多脉冲整流的方式。

5.0.3 系统应按功率等级配备整流装置。采用多脉冲整流时，可不做冗余配置。

5.0.4 整流装置的负载率应不大于85%。

条文说明：

整流装置的负载率在80%～90%之间时，整流的效率最高，运行最经济，因此作本条规定。

5.0.5 当输入相电压为230V（或线电压400V）时，整流装置的直流输出应满足下列要求：

1 空载条件下的输出直流电压宜为400V～420V。

2 在10%～100%的负载条件下，直流输出电压宜为360V～420V。

条文说明：

对于多脉冲整流电源，不存在一个单一的输出电压，输入电压和负载对输出电压的影响都很大。因此可以定义一个额定电压下的空载电压，即相电压230V或线电压400V下的空载电压；另外定义一个额定电压下（即相电压230V或线电压400V），负载率从10%增大到100%，对应的直流输出电压下降幅度，定义为10%的标称值，即40V。选择10%负载率开始，而不是从空载开始，原因是在轻载时电源会呈现一种"虚高"的特点，就是空载电压较高，稍微加点负载就下降很多，但是这并不代表电源真实的负载调整特性，因此从10%负载率开始评估。

5.0.6 当输入相电压为230V（或线电压400V），负载率50%及以上时，整流装置的输出效率宜大于95%。

6 交流输入及直流配电

6.1 交流输入

6.1.1 公路照明直流供电系统输入电源的电压、频率、谐波含量、功率因数应满足现行《电能质量 供电电压偏差》(GB/T 12325)、《电能质量 电压波动和闪变》(GB/T 12326)、《电能质量 三相电压不平衡》(GB/T 15543)及《电能质量 公共电网谐波》(GB/T 14549)的规定。

6.1.2 公路照明直流供电系统与其他交流供电系统共用交流输入电源时,应采用单独回路。

6.2 直流配电

6.2.1 直流配电回路宜采用单母线配电方案。当变电所设置有两台或者两台以上的整流设备时,且用电负荷需要末端切换时可采用单母线分段配电方案。

6.2.2 当进线为双电源,直流配电总开关和母线分段开关采用直流断路器时,在总开关的出线侧及母线分段开关的两侧,宜装设隔离开关或隔离触头。

6.2.3 从直流装置的输出端到用电设备的受电端之间的配电环节不宜超过3级。

条文说明:
低压配电级数不宜超过3级,因为低压配电级数太多将给开关的选择性动作整定带来困难。当向非重要负荷供电时,可适当增加配电级数,但不宜过多。

6.2.4 直流配电分路应结构清晰,标识准确、明显。

6.2.5 直流配电应采用直流熔断器或直流断路器,其额定工作电压应与系统输出直流电压相适应。直流配电总开关宜采用直流断路器。当有继电保护或自动切换电源要求时,直流配电总开关和母线分段开关均应采用直流断路器。断路器、熔断器的配合及选择应符合现行《240V直流供电系统工程技术规范》(YD 5210)、《电力工程直流系统设计技术规程》(DL/T 5044)的相关规定。

7 监控单元

7.0.1 公路照明直流供电系统宜设置电力监控单元，为系统提供遥控、遥测、遥信、遥调和扩展功能的支持。

7.0.2 监控单元应在下列部位设置：

1 交流输入回路。

2 直流输出回路。

3 直流母联联络回路。

4 整流装置。

7.0.3 监控单元应具备下列功能：

1 实时监控直流供电系统的工作状态。

2 采集和存储系统的运行数据。

3 掉电时数据自动存储。

4 过流、过压保护及报警。

5 防雷。

7.0.4 正、负母线排上宜设置绝缘监察装置，实现对地绝缘状况的监测功能；绝缘监察装置应具备与监控模块通信功能，当系统出现接地类故障、绝缘水平下降到设定值时，应能显示接地极性并能发出告警；绝缘监察装置本身出现异常时，不得影响直流回路正常输出带载。

条文说明：

应在正、负母线排上增加绝缘监察装置，实现对地绝缘状况的监测功能。对于由人员频繁操作的负载，可增设分路绝缘监察装置，以便准确判断、处理告警。

8 设备布设及配套设施

8.0.1 直流配电柜宜靠近负荷中心设置。直流配电柜前后应预留检修和运输通道,并应铺设绝缘地垫,通道的宽度应满足现行《240V 直流供电系统工程技术规范》(YD 5210)的规定。

条文说明:

　　直流配电柜要求设置在负荷中心是为了缩小配电线路的长度,减小线缆的截面;直流电源设备前后铺设绝缘地垫是为了减少触电事故,保证人身安全。

8.0.2 户外安装时,设备台墩高度应高于地表 40cm 以上。设备外围应安装防护栅栏,栅栏高度不宜低于 1.7m,栅栏与设备外廓距离不宜小于 1m,在有操作的方向应预留不小于 1.5m 的距离,并设置明显的警示标识。

8.0.3 整流器机架、直流配电设备内部的经常性操作区域与非经常性操作区域间应安全隔离。

8.0.4 整流装置机箱内交流或直流裸露带电部件,应设置适当的外壳、防护挡板、防护门,增加绝缘包裹等措施。

8.0.5 系统直流母排接线端子应加装热缩套管,并设置警告标志。

8.0.6 机箱内应采用阻燃型线缆。

8.0.7 系统中直流输出端应有"不能接地"的明显标识。

8.0.8 交流输入端及直流输出端应分别配备防雷模块。

8.0.9 设备机柜及配电柜均应接地,接地电阻不大于 4Ω。

9 电缆与导线

9.0.1 应符合现行《电力工程电缆设计标准》(GB 50217)、《民用建筑电气设计规范》(JGJ 16)的有关规定。

9.0.2 交流输入 3kV～10kV 电源三相供电回路应选用三芯电缆;1kV 及以下电源三相供电回路宜采用五芯电缆。

9.0.3 整流装置的交流引入导线截面积应按照最大容量计算。

9.0.4 直流导线截面积应按电缆长期允许载流量选择、回路允许电压降分别计算,取其较大值,并应符合下列要求:

1 电缆允许载流量应不小于计算电流量。

2 回路允许电压降计算截面积应按公式(9.0.4)计算确定:

$$S_{cac} = \rho \cdot 2L \cdot k \cdot I_{ca} / \Delta U_p \tag{9.0.4}$$

式中:S_{cac}——电缆计算截面(mm^2);

L——电缆长度(m);

ΔU_p——回路允许的最大电压降(V);

I_{ca}——计算电流(A);

ρ——电阻系数($\Omega \cdot mm^2/m$);

k——电流折算系数,取值 0.6～1(负荷均匀分布时可以取 0.6,负荷为终端时取 1)。

条文说明:

当负载完全均匀分布在线路上,且数量很多时,则有 $k=0.5$;实际情况下负载既不可能完全集中在末端,也不可能完全均匀分布,而是处于某种中间状态,即 k 不可能为 1 或 0.5,而是处于 0.5～1 之间的某个值。一般情况下,从电源端到第一个负载点的位置之间会有一段较长的线路,这段线路中间没有负载。一旦开始安装负载之后,从第一个负载到最后一个负载之间基本为均匀分布。假定线路总长为 L,从集中电源输出端到第一个负载处的长度为 L_1,则可以根据下面经验公式确定 k 值:

$$k = \max[0.6, 0.5 \times (L_1/L + 1)]$$

上式的意义是:如果第一个负载在线路末端,则取值为 1;如果第一个负载在线路起点,则取值可以为 0.5,但是如果负载在起点或在离起点不远的位置,一律规定 k 的最小值为 0.6,这样可以在不知道 L_1 的精确数据,但知道与线路总长相比 L_1 很小的情况下,可以直接确定 k 的取值。

9.0.5 系统输出供电回路的设计电压降宜为直流标称电压的 10%,最大不应大于 20%。

9.0.6 直流电源线正极标色应为红色、负极标色应为黑色。

用 词 说 明

1 本指南执行严格程度的用词,采用下列写法:

1) 表示严格,在正常情况下均应这样做的用词,正面词采用"应",反面词采用"不应"或"不得"。

2) 表示允许稍有选择,在条件许可时首先应这样做的用词,正面词采用"宜",反面词采用"不宜"。

3) 表示有选择,在一定条件下可以这样做的用词,采用"可"。

2 引用标准的用语采用下列写法:

1) 在标准条文及其他规定中,当引用的标准为国家标准或行业标准时,应表述为"应符合《××××××》(×××)的有关规定"。

2) 当引用标准中的其他规定时,应表述为"应符合本指南第×章的有关规定""应符合本指南第×.×节的有关规定""应按本指南第×.×.×条的有关规定执行"。